# GRAVIDADE

# GRAVIDADE
Steve Paxton

Versão original em inglês © Contredanse, 2018
Versão em português © n-1 edições, 2021
ISBN 978-65-86941-71-5 [n-1edições]
ISBN 978-65-994992-1-0 [acampamento]

**n-1 edições**
coordenação editorial **Peter Pál Pelbart e
Ricardo Muniz Fernandes**
direção de arte **Ricardo Muniz Fernandes**
assistente editorial **Inês Mendonça**

**acampamento**
coordenação editorial **Joana Ferraz e Marina Matheus**

**núcleo pausa**
coordenação geral **Beth Bastos**

tradução **Rodrigo Vasconcelos**
revisão técnica **Vera Mantero e Núcleo Pausa**
preparação **Ana Godoy**
revisão de prova **Joana Ferraz e Marina Matheus**
projeto gráfico [adaptado do original] **Érico Peretta**

textos anexos à edição brasileira **Helena Katz e Núcleo Pausa**

*Todos os direitos reservados. Nenhuma parte deste livro
pode ser reproduzida em nenhuma forma sem a permissão
escrita dos editores.*

1ª edição | São Paulo | fevereiro, 2022

n-1edicoes.org
@aacampamentoo
@nucleopausa

# GRAVIDADE

Steve Paxton

O nascimento não é apenas um começo. É uma mudança abrupta pela qual agem, subitamente, fatores distintos daqueles do útero — e eis a gravidade. Com a gravidade, uma nova negociação se inicia e estes termos nos condicionam pelo resto de nossas vidas.

A gravidade é uma força, uma força natural. Como tal, é o pano de fundo determinante das histórias em que nos focamos, as quais, por sua vez, descrevem nossas relações com ela. À medida que a criança se torna mais segura, muitas oportunidades para uma negociação direta com a gravidade se apresentam: árvores, patins, jogar bola, quedas e arranhões. Entretanto, minhas memórias conscientes de negociações com a gravidade não começaram antes dos meus seis anos de idade.

Por volta deste momento, ocorreram duas coisas. Ensinaram-me a dar estrela e meu pai passou a me levar em um pequeno avião que girava e dava *loops* no ar sobre o Antelope Valley no Arizona. Sim, naqueles dias, havia rebanhos de antílopes que podiam ser vistos abaixo de nós. E, então, lá estavam eles acima de nós, ou deslizando num grande círculo ao nosso redor. A esfera da percepção, da qual cada um de nós é o centro, perdeu sua relação normalmente impassível conosco conforme rodávamos no ar, e parecia se tornar um Teflon visual, escorregando a nossa volta como uma projeção.

Estes dois pontos de vista eram os novos elementos nas negociações. Foram necessários alguns voos para que meu corpo compreendesse o que acontecia com suas vísceras, à medida que esculpia a geometria das acrobacias aéreas. Provou-se útil visualizar os padrões enquanto voávamos. Então, foi possível prever as doses de ausência de peso e de gravidade adicional, e preparar meu estômago para essas mudanças.

Ao dar estrelas, algo diferente ocorria. Internamente, meu corpo estava irradiando energias e não as aceitando passivamente.

Estranhamente ausente em nossos panteões, que na Antiguidade incluíam deuses do sol, deusas da colheita, deuses da tempestade e outras divindades dos eventos naturais, não há aparentemente nenhum Deus da Gravidade. Com negociações constantes a serem feitas, seria esperado Alguém com quem negociar, porém não acho que a gravidade tenha sequer se tornado um atributo de alguma divindade, muito menos um avatar.

A gravidade não diz, menciona ou dita, como Deus na forma de uma sarça ardente ditou a Moisés na montanha. A gravidade postula.

A gravidade é um imenso brinquedo. Ela faz com que as coisas sejam mensuráveis, pois parece ser uma força constante. A gravidade, supostamente, aumenta e diminui por região, mas não notamos. Nesses anos de dança pelo mundo, não verifiquei nenhuma variação gravitacional.

Ela impõe uma regularidade nos tipos de coisas que percebemos. A velocidade crescente de um objeto em queda, por exemplo, deve estar codificada em nossos genes. Mesmo quando somos nós o objeto em queda.

Quando consideramos os outros sentidos, parece evidente que eles estão sujeitos a variações constantes. Há incidentes. Mudanças. Modulações. Silêncios e lampejos. A gravidade apenas continua atraindo. Quaisquer variações dela devem vir de cada elemento em seu campo. Isso nos incluiria.

Andar me vem à mente. No caminhar humano, cada movimento começa com um pouso sobre a superfície da terra. A superfície é o acúmulo de todos os pedacinhos inertes amontoando-se em direção ao centro. Sobre essa superfície, caminhamos a passos largos. Nós também ziguezagueamos, tropeçamos e mancamos. Na terra, no chão, no caminho, no declive, no pântano, negociando o próximo movimento.

Então, reivindicamos o passo. "Eu dei aquele passo". Esquecemos do apoio? Sim, creio que sim. Nós o damos por certo, a não ser que estejamos passeando por aí em um grande terremoto ou sintamos um pedregulho escorregar sob nossos pés ao escalar uma montanha.

Cada um de nós aprende sozinho a andar. Somos encorajados por muitos, verdade seja dita, mas o que eles podem fazer? Uma mão solícita talvez seja útil, mas acho que o andar ocorreria de todo modo. Isso é notável. Andar se torna, então, o fundamento de nossos sucessivos movimentos em pé. Parece ser a fonte de quase tudo na dança.

Minha primeira memória é de ter sido levado para ver meu irmão recém-nascido. Eu tinha dois anos e cinco meses de idade. Lembro-me de andar em direção à minha mãe, que segurava o novo bebê.

A memória marca o início de nossa referência consciente, portanto, o meu andar foi aprendido antes da minha memória surgir. O que quer que tenha sido "aprendido" no aprender a andar, não está em um lugar recuperável em meu cérebro, ainda que cada negociação daquele desenvolvimento se mantenha ativa em algum lugar desse cérebro para apoiar o caminhar que faço como adulto.

E, finalmente, para apoiar a dança que faço como adulto. Quando comecei a considerar o estudo sério da dança, mudei-me do Arizona para a cidade de Nova Iorque. Na ilha de Manhattan, caminhava muito mais do que costumava no Arizona, onde o automóvel já estava em ascensão. Então, talvez tenha sido todo aquele caminhar por Nova Iorque, combinado ao meu primeiro treinamento físico profundo, que produziu uma questão simples. Eu passava horas do meu dia em aulas de dança, procurando compreender os movimentos do meu corpo. Porém, quando caminhava, na saída do estúdio, esquecia de me manter consciente dele.

O que meu corpo faz quando não estou consciente dele?

Muitas respostas foram propostas e depois descartadas ao longo dos anos. Agora, posso ver que a questão não era somente uma investigação fisiológica, tal como eu pensava então, mas uma avaliação de estados de consciência diferentes que acompanham atividades diferentes. Ataquei frontalmente o inconsciente, no qual as respostas poderiam residir.

Infelizmente, não pude encontrá-lo. Qualquer coisa que eu percebesse pensar era provavelmente pensamento consciente. Tentei surpreender a mim mesmo em comportamento inconsciente, mas novamente a percepção era arruinada por voltar minha consciência a isso. Ocasionalmente, lembrava-me de andar enquanto andava, e tentava continuar do mesmo modo de antes do momento em que me lembrei de me observar. Eu estava espionando a mim mesmo. *Hackeando*-me.

Dançarinos devem *hackear* seus programas de movimentos básicos para se adaptarem a movimentos novos.

Ensina-se, geralmente, uma técnica de dança por repetição mecânica. Assistindo e imitando. Este é um método comprovado de produção de corpos que possam realizar coreografias existentes. Trata-se, porém, de uma conversa circular, uma situação conservadora, um guia útil para expectativas culturais.

Tradicionalmente, há um grande espelho disponível nos estúdios para facilitar os ajustes, e os dançarinos espreitam seus esforços, para ver se aparentam estar corretos, se suas sensações de movimento correspondem ao movimento que lhes foi passado.

É um evento especialmente complexo, penso eu. Chegado o momento da performance, não haverá mais espelho. Os dançarinos contarão apenas com a memória das sensações dos movimentos aprendidos.

Em todo caso, a dança prosseguirá baseada em sensações, memórias, contagens, relações tanto com o espaço quanto com os outros dançarinos, percepções, humores e o marcar do tempo de uma sequência de sensações musculoesqueléticas que requerem negociações com a gravidade.

Improvisadores, como eu mesmo, recorrem menos a espelhos. Foi-se a época dos ensaios em que se compara o ideal coreográfico com o movimento que se está fazendo. Também está ausente a contagem dos tempos ao longo das sequências de movimento. Se, na improvisação, outros canais são utilizados, permanece o desenvolvimento de uma relação complexa com o que se faz e com a força relativa das posturas de cada um quanto à gravidade, negociada no instante.

Estas diferenças significativas entre o movimento aprendido e o improvisado, porém, chegam a uma unidade em uma situação de performance. Sejam investimentos ou descobertas, a dança vive apenas na paleta sensorial de um corpo dançante.

Certa vez, vi um porco saltar no ar, dar um giro completo, aterrissar voltado para a direção original e, então, correr em círculo feito uma coisa louca. Se foi o instinto primitivo de sobrevivência ou uma exibição de acasalamento (outro porco o observava) que provocou isso, não sei dizer. Mas estava tão fora da norma de movimentação dos porcos que parecia improvisado.

Como você sabe que não está improvisando?

Penso na consciência como um fluido — capaz de preencher qualquer forma que encontra, com alguma paciência. Quanto mais descobrirmos sobre ela, mais completamente poderemos preencher tal forma.

A metáfora também funciona em relação ao tempo. Quanto mais sutis as unidades de tempo que percebemos, menores são os *containers* de consciência que podemos experimentar. Aprender ou criar ações para sermos mais lentos do que em nossas relações normais de pensamento/ação dá tempo à mente para sair de suas relações habituais e práticas com os eventos e experimentar o que, antes, eram somente instantes de transição.

A consciência — a parte habitual, pessoal, subjetiva e, evidentemente, sempre constante de nós mesmos — é passível de treinamento, e pode ser formada e reformada. É claro que ela é informada por nossos sentidos, pela consciência interna ou externa, e seus parâmetros se ajustarão às condições e aos condicionamentos.

Dançarinos desenvolvem discernimento ao sentir o corpo.

Os sentidos, em nossa era, figuram mais intensamente como um equipamento de entretenimento do que como ferramentas de sobrevivência. Nós os levamos à praia, ao cinema e para jantar fora.

Em 1970, li que 26 sentidos humanos foram detectados (J.J. Gibson, *The senses considered as perceptual systems*).

Em 2005, pesquisei no Google para ver se outros tinham sido encontrados e os tópicos que surgiram persistiam na discussão dos cinco sentidos. O Google nos apresenta o que nos interessa mais, portanto, parece que continuamos a não indagar sobre cerca de 20 outras maneiras pelas quais nosso cérebro se conecta ao ambiente e aos nossos corpos.

Quais são os nomes desses sentidos ignorados? Como eles se interconectam no corpo?

O que não se desenvolve em nós? O que podemos apenas vislumbrar em nossos corpos?

É difícil descobrir o que não sabemos.

O efeito da gravidade em nossos tecidos, na própria
água de nossas células, sugere-me que se possa pensá-lo
como um arranjo complexo de eventos, os quais, em
combinação, produzem um senso geral do "eu", em
movimento ou parado. Altere alguns desses eventos,
mesmo que mental ou emocionalmente, e as qualidades
das relações com a gravidade também mudarão.

*Isto é estar de pé.*

*Deixe sua bunda pesar,*
*relaxe os órgãos internos*
*na direção da bacia pélvica.*

*Respire tranquilamente.*

*Sinta o peso de seus braços.*

*Sinta a coluna subindo por entre seus ombros*
*e para cima, sustentando seu crânio.*

*Nesse centro de sua posição vertical,*
*você observa alguns pequenos movimentos.*
*A isto chamo de A Pequena Dança.*

*Parece ser **uma ação reflexa**,*
*especialmente em torno das articulações,*
*para manter seu corpo ereto ainda que*
*esteja muito relaxado.*

*Você até pode decidir cair,*
***mas não ainda.***

*Você se observa em pé.*
*Respirando tranquilamente.*

*Escápulas pesadas,*
*nádegas pesadas.*
*Sinta a respiração.*

*Deixe os órgãos descerem em direção à bacia,*
*deixe a coluna subir para sustentar o crânio.*

*Na direção em que seus braços pendem,*
*sem mudar essa direção,*
*faça o menor alongamento que puder sentir.*

*Solte.*

*Tente novamente.*
*Pode ser menor?*

*O simples início de um alongamento.*

*Solte.*

*Mais uma vez.*

*Na direção em que seus braços pendem,*
*sem mudá-la,*
*faça o menor alongamento que puder sentir.*
*Pode ser menor?*

*Pense nele passando por suas digitais,*
*através da ponta de seus dedos.*

*Então, se é por aí que ele vai,*
*onde você começou este alongamento?*
*No braço, por exemplo? Ou no ombro?*

*Lembre-se dessa sensação.*

*Subindo pelas costas desde o cóccix,*
*o sacro,*
*a lombar,*
*a torácica,*
*a cervical,*
*todo o percurso até o atlas,*
*entre as orelhas,*
*faça o menor alongamento que puder sentir.*

*Solte.*

*Mais uma vez.*
*Pode ser menor?*

*Sinta o peso dos braços.*
*Relaxe os ombros.*

*Sinta a coluna subindo para sustentar seu crânio
entre as orelhas.*

**Respire tranquilamente.**

*A Pequena Dança.*

*Imagine, mas não o faça.
Imagine que esteja prestes a dar um passo
com seu pé direito.
Qual a diferença?*

*Imagine, mas não o faça.
Imagine que esteja prestes a dar um passo
com seu pé direito.
Qual a diferença?*

*De volta ao neutro.
De pé.
A Pequena Dança.*

*Imagine, mas não o faça.
Imagine que esteja prestes a dar um passo
com seu pé esquerdo,
com seu pé direito.*

*Esquerdo. Direito. Esquerdo. Direito. Esquerdo. Direito.*
*Esquerdo. Direito.*
*Juntos.*
*De pé.*
*Respiração tranquila.*

*Sinta o movimento do diafragma.*

*A pressão e a liberação da pressão*
*sobre os órgãos abaixo do diafragma,*
*todo o percurso até a parte inferior da bacia.*

*Relaxe os órgãos na pelve.*

*E descanse.*

Muitos de nós andamos por aí em um universo cindido, o sensorial, no qual o sol nasce, e o racional, no qual a Terra gira. Enquanto isso, esqueceremos que a lua de fato se ergue. É um dilema para os sentidos, que não podem perceber a diferença, e um sucesso para a mente racional, que pode.

Certo dia, subi em uma mesa de vidro. Não havia
nenhuma sensação de fragilidade sob o peso do meu
corpo, então, pus-me em pé. Ainda assim, o vidro não
deu sinais de tensão. Porém, caminhei com cautela.
Mesmo a mesa podendo suportar 100 quilos em
seu centro, foi difícil soltar meu peso nessa primeira
tentativa. Tentei pesar o menos possível sobre o vidro.

Há uma forma de meditação que consiste em sentar
e examinar o espaço corporal por três dias. Percebi
que a pratiquei vagueando sistematicamente como
um pequeno ponto de sensação, um ponto de vista
movendo-se metodicamente. Era análogo à visão.

Tentei fazê-lo com dois pontos de vista, porém os
resultados foram imprevisíveis; funcionou melhor
quando os dois pontos estavam simétricos. Então,
peguei-me alternando rapidamente entre um ponto e
outro, mas não era o que eu buscava. Tentei examinar o
corpo todo de uma vez. Foi mais satisfatório, apesar de
perceber que eu havia passado de um pequeno ponto de
sensação a uma sensação de corpo inteiro — ainda uma
unidade única, embora maior. Parecia análogo à visão
ou à escuta periféricas.

Nesta situação, a consciência pode vagar internamente
pelo corpo. A unidade de consciência pode mudar
de tamanho, mas senti que a minha tinha uma certa
dimensão qualquer que fosse o momento. Talvez esta seja
a unidade padrão da consciência: uma tendência em focar.

Vagar implica tomar o tempo necessário à exploração. Movi o explorador interno vagarosamente, passeando pelo todo do corpo. A condição do corpo examinado é a quietude. Há uma dor maçante nos glúteos e na região da lombar, mas a localização da consciência não é nem anulada nem perturbada pelas mensagens das muitas contrações dos músculos quando em movimento.

Após alguns dias, meu corpo pôs-se a querer seu cardápio habitual de sensações, mas tudo o que teve foi a consciência das sensações. A consciência estava evidentemente mais forte. Ela se manteve apta à tarefa por períodos crescentemente extensos, sem se distrair com memórias ou perguntas.

Essa disciplina alcançava uma parceria. Seria demasiadamente fácil descrevê-la como um encontro entre mente e corpo. Talvez fosse mais como um inventário de um antigo caderno de endereços. De qualquer maneira, noto a presença de um observador do processo. Havia uma parte de minha mente testemunhando as circunstâncias da exploração.

Se esta prática parece ser a mente passando um tempo no corpo, pode-se perguntar se os sentidos são ou não extensões da mente.

Talvez não sejam relações mente/corpo sendo amalgamadas, mas uma relação mente/mente. Ou seria mais exato dizer "mentes". Essa situação pode ser vista como um trabalho em equipe.

O corpo se move no espaço e no tempo. Estamos falando de dança, afinal.

Tudo na situação anterior multiplica-se quando o corpo se move. Somos confrontados com questões de gosto e psicologia, tais como: para onde ir, com o que se relacionar, ou talvez, quais relações estão mudando?

Questões de hábitos? Porque, se buscamos improvisar, temos a escolha de tentar nos mover de novas maneiras.

Paixões? Primordial pode ser o desejo de experimentar isso, o desejo de estar em outro lugar, de estar em algum lugar específico.

A mente consciente, na medida em que possa assimilar tudo isto, talvez precise se mover agilmente entre elementos, e entre níveis e graus de elementos.

A mente não consciente faz todo esse cálculo, e muito mais, o tempo todo. Examinar e negociar a multiplicidade é aprender o caminho através do labirinto.

Martha Graham disse que se deve dançar a partir da vagina. E então Balanchine disse que dançarinos não devem pensar.

Tudo isto me pôs em um dilema. Não importa a ausência de uma vagina, o que obviamente reduziu qualquer esperança de um dia interpretar algum dos papéis de Martha. Percebi que eu pensava o tempo todo, enquanto mantinha apenas um contato pífio com minha pelve.

Que situação! No topo de minha coluna, o fantasma de Balanchine dizendo-me para parar de pensar. Na base, o fantasma de Martha pedindo-me uma consciência muito mais desenvolvida.

Os hábitos. Os caminhos habituais. Originando-se em um órgão cujo funcionamento alcança a consciência apenas por meio dos sintomas de seus efeitos. Orientação. Conhecemos o espaço e nossas relações com ele através do aparelho vestibular no ouvido interno. Mas não o percebemos funcionando no curso normal do movimento. Se giramos até ficarmos tontos, o provocamos a reportar um mundo que gira mesmo após o giro cessar. A sensação, porém, não é sentida no ouvido interno. Ao invés disso, serão afetados nossa postura e nosso estômago.

No Centro Espacial Europeu, na Bélgica, há uma cadeira giratória simples com um cinto de segurança. O sujeito é girado com os olhos fechados durante 45 segundos. Disseram-me para colocar minha cabeça inclinada para o lado enquanto rodava. Essa orientação estimulava o aspecto anterior e posterior dos canais semicirculares do ouvido interno, que medem nossa posição (ângulo em relação à gravidade) e a aceleração. Após o giro, quando retornei minha cabeça para a vertical e abri os olhos, tive a mais extraordinária sensação de ter sido lançado cerca de seis metros adiante. No meio do voo, dei-me conta subitamente de estar sentado na cadeira, imóvel. Por um breve momento, tive um corpo voando e, simultaneamente, um corpo sentado. Em seguida, a realidade de estar sentado prevaleceu.

No entanto, mesmo este voo exagerado não produziu nenhuma sensação no ouvido interno, era apenas meu corpo inteiro voando, com medo e adrenalina. Incrível.

Meu próprio aparelho vestibular — condicionado por uma vida inteira de acrobacias aéreas, montanhas-russas, giros, rolamentos de Aikido, Contato Improvisação, tanto condicionamento a uma realidade esférica quanto seria razoável esperar alcançar — foi iludido e humilhado pelo teste no Centro Espacial.

Ainda assim, valorizo a experiência fantasma de voar no espaço como mais um conhecimento desse poderoso e minúsculo instrumento de orientação.

Certa noite, sonhei que estava em uma vasta planície, talvez no topo plano de uma montanha, a atmosfera era turva, as cores apagadas e a luz baixa. Meu corpo estava, porém, bastante iluminado, ao menos cineticamente. Normalmente, meus sonhos são principalmente visuais.

Ao começar a me mover ao longo dessa planície, pareceu-me que ou a gravidade havia sido atenuada ou eu estava excepcionalmente em forma. Meus saltos se tornaram cada vez mais altos e a coordenação para o pouso e para a retomada do voo vieram facilmente. Sentia claramente a compressão ao aterrissar, o alinhamento esquelético, quais músculos se contraíam, quais permaneciam quietos e quais davam suporte.

Com este nível de consciência física, a dança consistia em dar cambalhotas no espaço, cruzando a planície em poucos saltos, girando e torcendo-me no ar para pousar. Tinha alguma consciência do perigo de movimentos tão amplos, mas meu corpo parecia estranhamente preciso em suas respostas ao estresse, então comecei a relaxar a cautela e a curtir a dança.

Isso se estendeu por algum tempo, em um nível consideravelmente superior a qualquer outro que jamais acessara acordado, mas talvez remetendo aos muitos dias bons nos estúdios onde tive aulas.

Acordei sentindo-me rejuvenescido e estimulado a dançar. Este sonho, o único sonho de dança que já tive, foi sonhado após 55 anos dançando e performando, por um dançarino de 71 anos preocupado com a ideia de que a idade tenha diminuído o sentido disso tudo.

Aparentemente, a dança é acumulativa e reside nos nervos e neurônios, tanto quanto na imaginação ou na ambição. Passaram-se alguns meses desde que tive este sonho, e ele não reapareceu. Se tais sonhos se tornassem comuns, eu reduziria minha rotina de trabalho e cochilaria com maior frequência.

Como aluno de Aikido que treinava regularmente, tenho uma certa visão pessoal do *Ki*, apesar de meu *sensei* não falar inglês e de eu ter achado bastante confusa a noção do Ki alcançando o limite do universo. Mas era principalmente uma forma de prática que proporcionava a sensação de nos conectarmos facilmente com o próprio peso. Ou seja, sem tensão excessiva. Isso requer menos esforço do que normalmente usamos, como se, abaixo do nível voluntário de contração muscular, houvesse um estado preliminar preparando os músculos para o uso e para a interação. As articulações são estimuladas e seus estados também se tornam aptos à ação.

O Ki parece ser um conceito que se refere tanto à qualidade quanto ao potencial das conexões. No que diz respeito aos nossos corpos, ele trata das relações entre suas partes, e então segue fluindo nas relações com o ambiente. Parece ser ativo de uma maneira ideocinética — como uma imagem-efeito que influenciaria o curso dos acontecimentos.

Este entendimento tem sido útil ao meu trabalho e ao meu desenvolvimento físico. Em uma única tacada, o Ki descreve o potencial do princípio de "extensão" na dança clássica, a fonte e irradiação de energia dentro do corpo, a relação dessa irradiação com o ambiente, e o senso de conexão interna do que é pensado corriqueiramente como "partes" do corpo.

... Espaço esférico. Sua identidade tem algo a ver com massa... a massa do corpo, o peso, a água... Somos 70% água. Você pode sentir como ela muda de orientação ao girar seu braço. Você pode sentir em que direção é para baixo.

Sinto como se a água operasse em/sobre diferentes superfícies das células ou no sistema circulatório — o sangue e seu peso. Massa e volume... se juntam, por assim dizer, e percebo que isso é o corpo... o corpo tem um sentido primário de sua própria tridimensionalidade.

A gravidade e nossa relação com ela é uma descrição
da velocidade na qual nos movemos, da direção desse
movimento relativa ao poço de gravidade.

"Poço de gravidade" é um termo que gosto. Encontrei-o
na ficção científica anos atrás. Voava-se pelo espaço
onde a gravidade tem pouco efeito e, então, ao se
aproximarem de um planeta, a gravidade deste passava
a ter efeito e podia-se usá-la ou resistir-lhe, e isso era o
poço de gravidade.

Mas um "poço" normalmente significa um buraco no
chão. Aqui, falamos de um espaço esférico centrado
no interior do planeta — e de sermos atraídos para sua
superfície, de todas as direções, pela gravidade.

Então, estamos falando sobre... sair dançando
nesta superfície...

Eu estava muito curioso em relação às possibilidades
do espaço esférico, percebendo, via experiências
na ginástica, que o corpo tem acesso a um espaço por
meio da rotação em torno de seu centro. O corpo pode
mudar completamente sua orientação em relação ao
horizonte e à luz. Pode rolar, tombar e virar.

Interessei-me pelas possibilidades composicionais disso,
de modo que, quando começamos a investigar o Contato
Improvisação em 1972, satisfazia-me sentir que, mesmo
que não estivéssemos utilizando uma grande esfera,
apenas o espaço em torno de duas pessoas próximas o
bastante para se tocarem, estávamos envolvidos em uma
esfera na qual qualquer orientação era boa.

Quando se tem dois corpos e um põe seu peso, digamos,
sobre o ombro ou sobre as costas do outro, há um centro
de massa compartilhado por essas duas unidades. Eles se
tornam uma unidade, de certo modo, relativa à gravidade.

Enquanto estiverem envolvidos em inclinar-se e dar peso,
e mudar o peso e a orientação de um relativa à do outro,
eles têm um centro operacional comum somando-se a
todos os outros centros que eles contêm.

É provável que eu me canse de digitar e ponha de lado
este computador, e também o digitador em mim, e me
volte a uma outra atividade, possivelmente a dança...

Passarei às minhas preocupações atuais relativas à
dança, sensações que estou investigando e praticando,
até que, assim como digitar sem olhar o teclado, os
movimentos, as sensações, a lógica destes movimentos
não precise mais ser procurada. Busco, ao dançar, o
conjunto de sentimentos que identificam o movimento.
A mentalidade se tornou sensorial.

Minha busca consciente se deslocará para outras
matérias, que tenham a ver com o modo de compor o
movimento no espaço/tempo como sensações internas
de movimento no que eu considero como "a cronosfera".
Cronosfera sugere o espaço DO tempo (ou o tempo
do espaço), mais do que espaço e tempo, e é, para mim,
outro tipo de consciência.

Diferentemente da visão, pela qual a luz revela uma coisa,
um exterior visível, a cronosfera revela a transparência
de tudo. Isto é, ela apaga até mesmo o duplo acordo que
sinto com o movimento — o de estar nele e ele em mim.

O senso de cronosfera considera a dualidade "interior/exterior" irrelevante. Estar consciente de um lugar desta maneira traz novas apreciações dos outros ou dos objetos no espaço. Ao dizer que parecemos transparentes, encontro uma consciência expandida deles, como se também fossem parte de mim e eu deles.

Uma ordem diferente de compreensão da composição se torna, portanto, disponível. Juntamente com como as coisas aparentam ser e como elas soam, o modo como se sente a composição é muito amplificado. A sensação é diferente se imagino meu espaço interno movendo-se enquanto me movo, ou se ele se move através de mim enquanto me movo através dele.

Pela vivência, sei que a fragmentação do movimento no tempo, em partículas de experiência, pode ser perseguida até o infinitesimal. Racionalmente, sei que ela não tem limites. Os limites são apenas meus e, com a prática, eu os ajusto, embora, é claro, nunca vá encontrar um fim para o potencial. Parece que os sentidos irão abarcar muitas proposições, mas haverá muito para aprender a sentir.

Não sou um filósofo moral, sou apenas um dançarino improvisador. É dessa posição, bastante isolada, que diagnostico as sociedades do século XXI como loucas. Coletivamente, parecemos impotentes para deter o massacre e a degradação do próprio planeta em que vivemos.

Se as sociedades, culturas, governos, religiões, corporações e forças armadas fossem indivíduos, então meu diagnóstico seria convencional. Os Estados Unidos deveriam procurar aconselhamento? Os conglomerados de mineração deveriam ser medicados? O McDonalds deveria ser contido para o seu próprio bem e para o bem da coletividade? Parece não haver nenhuma maneira de intervir.

Não suponho que a improvisação em dança seja a resposta. Ainda assim, o tipo de atividade que a improvisação em dança engaja — a busca imemorial pela vida interior e pelo desenvolvimento relativo a uma comunidade mais ampla do que nós — parece influenciar as mentes dos participantes a tomarem suas posições individuais, a aceitarem o que somos (inclusive que somos loucos) e a verem o que podemos fazer para prosseguir em direção a uma mente e a um corpo seguros de sua força interior para reconstruírem os sistemas humanos em termos não de um mínimo indispensável, e sim de um máximo desejável.

Se ao menos as pessoas tivessem seguido a Regra de Ouro... ou se começassem a fazê-lo.

É difícil encontrar palavras para falar sobre os sentimentos
da gravidade...

Você nada na gravidade desde o dia em que nasceu.
Cada célula sabe em que direção é para baixo.
Algo facilmente esquecido. A sua massa e a massa
da terra atraindo-se mutuamente.

F I M

# POSFÁCIO

> *Enquanto estiverem envolvidos em inclinar-se e dar peso, e mudar o peso e a orientação de um relativa à do outro, eles têm um centro operacional comum somando-se a todos os outros centros que eles contêm (página 73).*

À minha direita, Steve Paxton e sua exploração, ao longo de toda uma vida, da realidade física, onde o pessoal torna-se equivalente ao cósmico.

À minha esquerda, Florence Corin e Baptiste Andrien, da Contredanse, e seu extenso envolvimento com Steve Paxton, incluindo uma publicação digital interativa do *Material for the Spine.*

Há ainda Lisa Nelson e sua compreensão vital do trabalho e do homem.

O processo foi um pingue-pongue: durante a aventura audiovisual mencionada acima, Steve iniciou a escrita de um livro e o deixou descansar. Um bom tempo depois, Florence e Baptiste retornaram a este precioso baú contendo textos e anotações e escavaram seu material favorito, associando-o livremente. De modo lento, eles teceram uma espécie de colagem, revelando um foco e uma noção pivotal: a gravidade, uma das circunstâncias físicas básicas do destino humano e, talvez, a quintessência dos achados do Sr. Paxton — até o momento.

Eles lhe enviaram uma primeira versão e Lisa Nelson se envolveu no processo, com seu olho para a dança e seu cérebro editorial.

Vários pingues e pongues depois, vejam só, eis o resultado.

E eu, de bom grado, acrescento ainda uma camada como tradutora extasiada do livro para o francês.

Um bom exemplo de um "opus performativo", algo como "Contato Edição", com a gravidade como centro operacional comum.

DENISE LUCCIONI

STEVE PAXTON pesquisa a ficção da dança culta e a "verdade" da improvisação há 55 anos.

Nascido em Phoenix, Arizona, em 1939, começou seus estudos de movimento na ginástica, praticou dança moderna e, posteriormente, balé, yoga, Aikido e Tai Chi Chuan. No verão de 1958, Paxton participou do American Dance Festival, no Conneticut College, onde estudou com os coreógrafos Merce Cunningham e José Limón. Logo depois, mudou-se para a cidade de Nova Iorque. Foi membro da José Limón Company, em 1959, e atuou na Merce Cunningham Dance Company de 1961 a 1964. Seus estudos de Aikido tiveram início em 1964, no Hombu Dojo, em Tóquio, e continuaram em Nova Iorque com Yamada Sensei.

O apetite de Paxton pela desconstrução, exploração, subversão e invenção o levou a se tornar um membro fundador do Judson Dance Theater (1962-66), que surgiu das oficinas do compositor Robert Dunn, sendo o próprio Dunn inspirado pelos métodos de John Cage. Os parceiros de Paxton na experimentação foram, para citar alguns, Yvonne Rainer, Trisha Brown, Robert Rauschenberg e Lucinda Childs. O movimento Judson tem influenciado a dança contemporânea emergente em diferentes épocas e em vários países ao redor do mundo.

Nos anos 1960, Paxton criou obras a partir de movimentos prosaicos e cotidianos, incluindo alguns de seus intrigantes trabalhos iniciais, tais como *Flat* (1964), *Satisfyin' Lover* (1967) e *State* (1968). Afinado com seus interesses por ciência e tecnologia, Paxton participou do *Nine Evenings of Theater and Engineering* em 1966, iniciativa de Billy Klüver, um engenheiro do Bell Labs, com a colaboração de Robert Rauschenberg. Foi também membro fundador do Grand Union (1970-1976), um coletivo de improvisação que reunia vários dos coreógrafos originais do Judson: Yvonne Rainer, David Gordon e Trisha Brown, juntamente com Douglas Dunn, Lincoln Scott, Barbara Dilley e Becky Arnold.

Em 1972, Paxton fomentou o Contato Improvisação, a base física para corpos que se movem no toque: a fluida transferência mútua de pesos, a iniciação, os reflexos e a empatia física inata. O Contato Improvisação se tornou uma rede internacional de dançarinos, convocados a praticar e publicar notícias e pesquisas em dança e improvisação, no periódico *Contact Quaterly*, para o qual Paxton contribui como editor desde 1975. Em 1986, fundou a Touchdown Dance, com Anne Kilcoyne, na Inglaterra, oferecendo dança para deficientes visuais.

Nesse mesmo ano, começou a pesquisa do *Material for the Spine*. O MFS deriva da observação do Contato Improvisação, no qual a coluna se torna um "membro" essencial. MFS é um estudo meditativo e técnico dos potenciais dos movimentos da coluna e da pelve. Em 2008, Paxton publicou, em mídia digital e interativa, o *Material for the Spine*, com a Contredanse de Bruxelas, e criou exposições com seus materiais; *Phantom Exhibition*, apresentada na Bélgica e no Japão, e *Weight of Sensation*, no MoMA (EUA).

Paxton mantém uma colaboração de longa data com a dançarina Lisa Nelson: *PA RT* (1979) e *Night Stand* (2004). Em 2016, ele saiu em turnê com uma remontagem de *Bound* (1982) e estreou *Quicksand* em Nova Iorque, uma ópera de Robert Ashley com coreografia de Paxton.

Durante sua carreira, Paxton recebeu três New York Dance and Performance Awards, ou Bessies, incluindo um prêmio pelo conjunto da obra em 2015; o Vermont Governor's Award por excelência em Artes em 1994; e o Golden Lion Lifetime Achievement da Bienal de Veneza, em 2014. Recebeu bolsas do National Endowment for the Arts, da Rockfeller Foundation, da Foundation for Contemporary Arts, da Change, Inc., dos Experiments in Art and Technology, e uma Guggenheim Fellowship em 1995. Em 2017, recebeu um prêmio da United States Artists. Paxton mora em Vermont.

*MATERIAL FOR THE SPINE* — *a movement study / une étude du mouvement*, Steve Paxton em colaboração com Contredanse (Baptiste Andrien, Florence Corin).

Concebido pelo dançarino Steve Paxton tanto como uma meditação sobre a coluna quanto como uma abordagem técnica, o *Material for the Spine* se concentra na experiência adquirida ao longo de sua jornada artística: seu estudo sobre o andar, sua experiência como dançarino, o desenvolvimento do Contato Improvisação, e sua prática de Aikido. Em mais de quatro horas de vídeo, esta publicação digital interativa apresenta a técnica em sua dimensão formal e o processo de pensamento subjacente. Exercícios e explorações físicas são combinados com palestras e documentações das performances originais, visando "levar a consciência para o lado escuro do corpo, seu aspecto oculto ou seu interior".

Traduzido para o francês e legendado por Denise Luccioni.

Novembro de 2008 / 240 minutos / Versão original em inglês com legendas em francês.

Disponível em: *www.materialforthespine.com*

CONTREDANSE é uma organização sediada em Bruxelas cujo objetivo é promover atividades relacionadas à arte da Dança, incluindo uma editora, oficinas e eventos, um periódico e um centro de documentação.

Desde 1990, o compromisso da Contredanse Editions tem sido seguir o corpo por onde ele se move, explora, compõe e sente.

Nossa missão fundamental é dar ao corpo uma voz, derivada dos sentidos e percepções, e, aos dançarinos e coreógrafos, oportunidades de publicar por escrito e em outras mídias.

As oficinas de dança fornecem uma fundação para as publicações, seja por meio de obras escritas que emerjam da prática em estúdio, seja por meio de nossos livros levados ao estúdio como fonte de inspiração, reflexão e exploração de movimento.

Desejamos que a Dança tenha acesso a ferramentas que valorizem seus próprios recursos, a participação na escrita de sua própria história, conectando dançarinos e coreógrafos dentro de suas próprias práticas e, finalmente, que revele o conhecimento específico para a arte e a cultura que envolve a Dança.

*Gravidade* é a tradução do livro original *Gravity* de Steve Paxton, Contredanse Editions, 2018.

Todos os textos foram escritos por Steve Paxton entre 2005 e 2008, notadamente no L'animal a l'esquena (Celdra, Espanha), durante a produção do *Material for the Spine — a movement study / une étude du mouvement*, publicado por Contredanse, 2008, disponível em *www.materialforthespine.com*, exceto os seguintes textos:

Páginas 39-43, 69 e 71, extraídos das transcrições da publicação *Material for the Spine — a movement study / une étude du mouvement*, Contredanse Editions, 2008.

Página 54, extraído de uma carta de Steve Paxton a Noemi Lapzeson.

Página 64-65, primeiramente publicado em *De l'une à l'autre — Apprendre, composer et partager en mouvements*, Contredanse Editions, 2010.

Página 87, extraído do artigo "The Small Dance, The Stand", previamente publicado por *Contact Quaterly*, vol. 11, n. 1, 1986.

Figuras: página 15 Willy Thuan©, página 57 Laskari Ratnayake©, página 82 — desconhecido. Apesar dos esforços intensos, os editores não puderam entrar em contato com alguns dos fotógrafos. Se você se reconhecer como proprietário de tais direitos, por favor, entre em contato com a n-1 edições.

FICHA TÉCNICA DO ORIGINAL

Editado por Florence Corin e Baptiste Andrien para Contredanse Editions, Lisa Nelson e Steve Paxton.

Design e layout: Philippe Koeune (Valley the Valley), Florence Corin, Baptiste Andrien

Agradecimentos a Patricia Kuypers, Denise Luccioni, Toni Cots, María Muñoz e Pep Ramis (L'animal a l'esquena).

Este livro também está disponível em inglês e em francês, na tradução de Denise Luccioni, em livrarias ou em *www.contredanse.org.*

# n-1

O livro como imagem do mundo é de toda
maneira uma ideia insípida. Na verdade
não basta dizer Viva o múltiplo, grito de
resto difícil de emitir. Nenhuma habilidade
tipográfica, lexical ou mesmo sintática
será suficiente para fazê-lo ouvir. É preciso
fazer o múltiplo, não acrescentando
sempre uma dimensão superior, mas,
ao contrário, da maneira mais simples,
com força de sobriedade, no nível das
dimensões de que se dispõe, sempre $n-1$
(é somente assim que o uno faz parte do
múltiplo, estando sempre subtraído dele).
Subtrair o único da multiplicidade a ser
constituída; escrever a $n-1$.

Gilles Deleuze e Félix Guattari

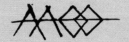

Acampamento. Tendas armadas em pouso coletivo sobre um chão temporário.
Uma plataforma movediça para danças e escritas.

"Não se pode escrever sem a força do corpo. É preciso ser mais forte do que si mesmo para abordar a escrita. Uma coisa estranha, sim. Não é apenas a escrita, o escrito; são os gritos dos animais da noite, os de todos, os vossos e os meus, os dos cães." [Marguerite Duras]

núcleo

pausa

"pausa é um movimento físico para manter a quietude; momento em que a atenção se move para conduzir a composição coreográfica para dentro e fora do espaço; medindo o tempo para que a retomada do movimento possa fluir em relação ao todo, espaço interno e espaço externo, como uma oportunidade de reinaugurar a musicalidade do espaço." [Lisa Nelson]

Mover-se pela coluna. Por toda a coluna. Torcê-la em espiral e, com ela, torcer o espaço ao redor. Sentir escápulas, clavículas, esterno, costelas — também as que flutuam. Pés. Ancorar-se no centro. Tremer. Fechar os olhos. Começar um gesto e imprimi-lo no espaço. Deixar que ele aconteça e silencie. Pausa. O que se vê e o que não se vê. O que se pode imaginar. Uma dança. [Paula Chieffi]

Dados Internacionais de Catalogação na Publicação (CIP) de acordo com ISBD

P342g     Paxton, Steve

Gravidade / Steve Paxton ; traduzido por Rodrigo Vasconcelos.
- São Paulo : n-1 edições ; Acampamento, 2022.

104 p. ; 14cm x 21cm.

ISBN 978-65-86941-71-5 [n-1edições]
ISBN 978-65-994992-1-0 [acampamento]

1. Dança. 2. Artes do corpo. I. Vasconcelos, Rodrigo. II. Título.

2022-4479                                          CDD 792.62
                                                     CDU 793

Elaborado por Vagner Rodolfo da Silva - CRB-8/9410

Índice para catálogo sistemático:

1. Dança 792.62
2. Dança 793

# GRAVITAÇÕES

## *De quem ensina que só temos o agora, é preciso sempre falar no presente*

Steve Paxton faz de Steve Paxton um nome-grafo.[1]

Alguém pode sugerir nome-arquipélago, ou, quem sabe, nome-arborescente, mas seria impreciso. Embora reúna componentes distintos, em ambientes diferentes (há partes submersas), o arquipélago resulta em um conjunto finito. A arborescência, mesmo em permanente transformação, tende a manter ciclos. Em nenhum dos dois o nome Steve Paxton cabe, eles apertam.

O grafo do nome-grafo se refere a uma estrutura de três componentes (como um Y, que se sustenta pela relação entre os três traços-hastes que o formam), e essa estrutura não cessa de surgir de outras, semelhantes, a partir de um de seus traços-hastes, pois cada estrutura tem três componentes. Ou seja, um novo Y nasce a partir de um dos traços de cada um dos Y existentes. E assim chegamos a um conjunto que não se fecha, de uma coleção não-finita, porque sempre haverá uma hastezinha para iniciar um novo Y.

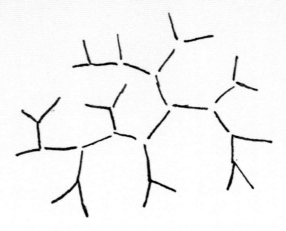

1 O grafo é um tributo à C.S. Peirce (1839-1914), e se constitui como uma de suas mais originais invenções. Trata-se de uma notação gráfica que permite representar o desenvolvimento do pensamento.

Qual é a vantagem do nome-grafo? Simples assim: você escolhe o tracinho do Y que desejar, e basta deixar o olho flanar para encontrar os Y que já estão e os que vão se formando, pois todos se conectam. A importância não se encontra na sequência temporal de ocorrência, mas na ocorrência.

Vamos fazer um exercício, para exemplificar: a haste dos questionamentos sobre o que é um espetáculo de dança, que inclui a experiência com os movimentos cotidianos (movimentos pedestres, no jargão oficial) da Judson Dance Theater (1962-1966), pode ser a primeira a atrair. E dela, sem suspeitar, o olhar desliza para outra, e encontra a quietude da *Small Dance* (1967); daí, vai seguindo, e repara na haste onde está a atenção para com o corpo do outro, isto é, o Contato Improvisação; percorre umas tantas e chega na haste das propostas mais anárquicas do Grand Union (1970-1976); logo ali, descobre a da revista *Contact Quaterly*; um pouco mais para cá, se detém na de Lisa Nelson; um pouco mais para lá, os estudos sobre solo e improvisação de *Golberg Variations* (1986-1992), de Bach, surpreendem; em outra, a janela da cozinha do sítio onde mora, em Vermont, voltada para o sul, de onde Steve olha uma colina e uma mesma árvore há mais de 50 anos, que nunca são as mesmas; o olho desce e, em outra haste, aparecem Steve e Lisa dançando *Night Stand* (2004), no Sesc Belenzinho, em 2006, comemorando os 10 anos do Estúdio Nova Dança – responsável não somente pelas vindas deles à São Paulo, mas, sobretudo, pela difusão do seu pensamento sobre corpo e movimento, que contamina tantos por aqui; o olho salta e cai na haste com os 15 bailarinos homens de *Magnesium*, considerada a primeira manifestação de Contato Improvisação, no Oberlin College, em Ohio, em janeiro de 1972; em uma outra, bem ali, se vê Steve dançando sozinho *Some English Studies* (1992), e *PA RT* (1979) com Lisa, ele de óculos escuros, ela com um bigode fininho desenhado, no Sesc Pompeia, em fevereiro de 2000, e parte da plateia chora, tomada pelo refinamento daquela dança, na primeira vez de ambos em São Paulo; ainda nesta mesma haste, estão eles no Estúdio Nova Dança fazendo duas atividades: participando de um fórum, às 15h, e, às 21h, dançando com Renée Gumiel e com a Cia Nova Dança; e sim, aquela haste

*As experiências e reflexões de Steve Paxton sobre a gravidade me tocaram tão profundamente que desejei criar este movimento de torná-las acessíveis em português. Realizar este desejo juntamente com Steve, Lisa Nelson, Ricardo Muniz, Helena Katz e Núcleo Pausa foi uma partitura de afetos.*

BETH BASTOS

Agradecimentos: Vitor Daneu, Pedro Penuela, Lisa Nelson, Helena Katz e Núcleo Pausa

## POSFÁCIO DA EDIÇÃO BRASILEIRA
por Núcleo Pausa

No ano de 2019, Lisa Nelson veio ao Brasil para um encontro de trabalho com o Núcleo Pausa e, em nome de Steve Paxton, presenteou a diretora Beth Bastos com o livro *Gravity*.

Impressionada com sua concisão em contraste com o alcance poético e reflexivo sobre o corpo, Beth Bastos sugeriu ao Núcleo Pausa a leitura imediata do livro. As leituras individuais e as questões levantadas em conversas posteriores levaram-na a propor uma investigação em dança inspirada no conteúdo do livro. A necessidade de afinar as percepções que as leituras trouxeram e de buscar um entendimento comum nos instigou a realizar a tradução para o português.

Em 2020, contemplados pelo Edital Proac – Prêmio por Histórico de Realização em Dança com o Projeto Gravidade, efetivou-se a oportunidade de tradução do livro e de realização dos 5 Estudos Poéticos sobre a Gravidade. A tradução foi feita por Rodrigo Vasconcelos, integrante do Núcleo Pausa, e a revisão técnica foi realizada coletivamente pelo Núcleo.

Há muita sabedoria e poesia nas poucas palavras de *Gravidade*. O livro aguçou nossa pesquisa direcionando nossa atenção à gravidade no gesto, no movimento e na vida.

Núcleo Pausa é Beth Bastos, Ísis Marks, Izabel Costa, Maíra Rocha, Paula Chieffi e Rodrigo Vasconcelos.

ali acima é a dos três anos de trabalho com Merce Cunningham (1961-1964), e a outra, lá perto, a de 1959, em Nova York, na Cia de José Limón; virando um pouco o rosto, se vê Beth Bastos e o Núcleo Pausa juntando as *Tunning Scores*, de Lisa, com o *Gravity*, de Steve, em um projeto do qual esta tradução faz parte; e, se o olho não desgrudar, não vai ter fim. É o nome-grafo que Steve Paxton produz, lembra?

Então, não tente encontrar aqui um resumo da carreira de Steve Paxton com a dimensão precisa da sua importância, porque resumir não é o que cabe a quem tem como características o articular e o expandir; a quem assegura que as respostas por ele formuladas para as perguntas que faz são descartadas, ao longo dos anos.

Mas o olho pode deslizar pelo grafo e, de repente, estancar na haste Tica Lemos, uma das quatro fundadoras do Estúdio Nova Dança (as outras três são Thelma Bonavita, Adriana Grecchi e Lu Favoretto), cuja descoberta da potência do Contato Improvisação acontece, ainda quando morava na Europa, ao assistir, no Globe Theater, em Londres, Laurie Booth e Kirstie Simson (que haviam estudado com Steve Paxton), em dezembro de 1984. O impacto a leva para a School for New Dance Development, em Amsterdam, escola onde se forma em 1987. Antes de voltar para o Brasil, trazendo um conhecimento em Contato Improvisação cozinhado junto com leituras somáticas do corpo, passa duas semanas com Steve e Lisa, em Vermont.

É com essa formação que Tica começa a jardinar a cena da dança em São Paulo e, mais adiante, a irrigá-la trazendo os seus mestres para dançar e ensinar aqui. Desde seu começo, nas aulas e workshops de Contato Improvisação que vai dando, com quase nenhuma adesão de interessados, está lá a importância da gravidade na conexão do corpo com o centro da Terra, para que a experiência do peso possa, de fato, acontecer como uma experiência. É nessa areia que as vindas de Steve e Lisa acontecem como um mar, como ondas que recuam para avançar, avançam para recuar, mudando a paisagem.

*Gravidade*, seu primeiro livro, é de 2018. Mas a gravidade já se faz presente na parte chamada Sensation and Senses do *Material for the Spine* – um DVD que a Contredanse Editions publica, em 2008, com 4 horas de explicações e reflexões sobre os seus estudos. Paxton dá um curso sobre esse material no Estúdio Nova Dança, em São Paulo, em 2006,[2] e Fernando Neder realiza com ele uma entrevista, transcrita na *Revista Percevejo*, em 2010.[3]

A gravidade está também nas gravações de *Chute* (1972) e *Fall After Newton* (1972-1983), perambula por todo o seu percurso (que pode tomar 1972 como demarcação). Porque ela está sempre. Como diz ele, a gravidade é um conjunto de eventos que produz um sentido geral de "eu". A gravidade não é um vulto que se esgueira, ela nos olha nos olhos.

Paxton tira o pó do modo como se fala de movimento, e suas escolhas alertam para o dano que a insistência em usar palavras que costumam estar desgastadas promove.

Diz que estudar uma técnica de dança é estudar apenas uma parcela, mas não o movimento. Reitera a necessidade de eliminar qualquer ideia de liberdade quando o assunto é a improvisação, porque, para improvisar, há que lidar com as condições postas – e elas, evidentemente, são formas de restrição.

Vale se deter e reler algumas vezes o modo como diz o seguinte: se todo movimento tem um contrário, é como se a liberdade contasse com o seu oposto. Steve acorda o que não pode permanecer adormecido.

Tem algo precioso neste livro, que colhe do que já existia e revela que a gravidade, o seu título, não é o seu tema, uma vez que a gravidade, como nos mostra, não é um assunto, mas uma presença permanente, um princípio regulador da possibilidade do movimento.

Pensar a gravidade como Steve Paxton faz aqui lembra a frase na capa de *A Cidade das Palavras* (2007), de Alberto Manguel: as histórias que contamos para saber quem somos.

HELENA KATZ
São Paulo, 5 de novembro de 2021

2 Disponível em: https://www.youtube.com/watch?v=1gE-MSZMsWw
3 Disponível em: http://www.seer.unirio.br/index.php/opercevejoonline/article/view/1443/1247

# GRAVITAÇÕES

**n-1 edições**
coordenação editorial **Peter Pál Pelbart e Ricardo Muniz Fernandes**
direção de arte **Ricardo Muniz Fernandes**
assistente editorial **Inês Mendonça**

**acampamento**
coordenação editorial **Joana Ferraz e Marina Matheus**

**núcleo pausa**
coordenação geral **Beth Bastos**

textos **Helena Katz e Núcleo Pausa**
preparação **Ana Godoy**
revisão de prova **Joana Ferraz e Marina Matheus**
projeto gráfico **Érico Peretta**

**n-1edicoes.org**
**@aacampamentoo**
**@nucleopausa**

Esta publicação é parte integrante do livro *Gravidade* – Steve Paxton
e não pode pode ser comercializada separadamente.

DEZEMBRO | 2021